강 영 환 시조집

모자 아래

Poem
Cap under
by
Yeong Hwan, Kang
2011. Pusan, Korea

강영환 시조집

모자 아래

지은이 강영환
펴낸이 최명자

펴낸곳 책펴냄열린시
주　소 부산광역시 중구 중앙동 3가 14-1번지
전　화 051-464-8716
출판등록번호 제 02-01-256호
출판등록일 1991년 2월 4일

인쇄일 1판 1쇄 2011년 5월 3일
발행일 1판 1쇄 2011년 5월 8일

값 8,000 원

ISBN 978-89-87458-72-4 03810

굽어가도
눈길이 되었으면 좋겠다
발자국 받들고 더 멀리 가고 싶은
돌부리 진창을 넘어
신새벽이 걸어온다

<본문 중에서>

엄마에게

□ 책머리에

세 번째 시조집이다.

〈순례〉라는 부제로 오랜 기간 연작해 온 것들이 마음에 돌무더기로 남아 있었다. 고심하지 않은 의미와 땀흘리지 않은 언어들이 못내 아쉽다. 허튼 명명 작업이 세상을 어지럽히지나 않을지 걱정이다. 성급한 마음이 작은 집을 지어 흔적을 대신한다.

2011. 봄

저자

목차 · 6
책머리에 · 5

빈 들 · 13
새 · 14
벽지에서 · 15
새벽바다 · 17
시간의 무덤 · 18
겨울강 · 19
섬진강 모래 · 20
영산포 · 21
아침을 기다리며 · 22
밤길 · 23
지하철 잠 · 24
숲길 · 25
산복도로 · 26
바늘 꽂을 자리 · 27
청상 · 28
밤길 떠나며 · 29
낙엽 · 30
별리 · 31
세월을 보다 · 32
한로부근 · 33
불혹자리 · 34
다대포 모래알 · 35
동행 · 36
빈 의자 · 37
역마살 · 38

일과표 · 39
모자 아래 · 40
강물 곁에서 · 42
산정야영 · 43
겨울하늘 · 44
나비의 봄 · 45
잠 · 46
물안개 · 47
새벽길 · 48
섬 · 49
어부의 휘파람 · 50
석탄의 잠 · 51
이산의 꿈 · 52
노숙의 잠 · 53
집에 들다 · 54
봄뜰 · 55
흰소가 운다 · 56
달맞이꽃 · 57
봄을 기다리며 · 58
광장에서 · 59
노을 밖으로 · 60
채석강 · 61
또 다른 바다 · 62
약수터에서 · 63
일어서라 매향리 · 64
봄산 · 66
그리운 지리산 · 67
그리운 사량도 · 68

적멸에 들다 · 69
타락한 산천 · 70
신원을 지나며 · 71
지심도 · 72
길 위에 선 매미 · 73
노을 속을 내려 가네 · 74
겨울새 · 75
봄은 그렇다 · 76
겨울 지리산을 지나서 · 77
물든 나뭇잎 · 78
꽃잎 하나가 · 79
봄날은 갔다 · 80
나벽 · 81
출어기 · 82
항구의 일번지 · 83
새만금을 지운다 · 84
사리암 가는 길 · 85
산사에서 · 86
봄밤 · 87
오래된 담배포 · 88
황사 · 89
빈 캔 · 91
등대 · 92
노을 · 93
돋보기를 끼고 · 94
풍경 · 95
다대포 모래밭에서 · 96
사모곡 · 97

일어서는 허기 · 99
이-메일 · 100
찻잔 속의 모래바람 · 101
봄꽃 · 102
주먹밥 · 103
외등은 나를 보고 · 104
질경이 · 105
미륵을 기다리며 · 106
섬이 되다 · 107
꿈 깨 보기 · 108
아침 산다화 · 109
봄날은 절름절름 떠났다 · 110
눈길 · 112
지하철 손잡이 · 114
망초꽃 · 115
고장난 외등 · 116
떠가는 포장마차 · 117
눈물을 보내다 · 118
오름을 위하여 · 119

시작후기/ 이웃 속으로 · 121

巡禮集

빈 들

걷이 끝난 빈 들에서 강물소리 깊어졌다
이삭까지 회수해 간 허수아비 텅빈 곳간
허기진 안개 바람에 몸을 떠는 집이다

입술 마른 갈대는 이웃끼리 얼싸안고
더러는 물이 되고 더러는 흙이 되고
강물은 불러 깨워도 기척 없이 얼었다

안 열리는 문 앞을 서성이다 돌아왔다
견고하게 식은 빛이 손끝에 부딪힐 뿐
신새벽 성에 낀 눈에 돌아앉은 나무들

어디로 돌아갈까 길이 묻힌 눈밭을
철새들 오는 길에 돌부리는 없던가
빈처는 지등을 켜고 여윈 들을 지켰다

새

도요는 죽은 이의 영혼으로 깊이 난다
구성진 가락으로 하늘 문을 두드리며
겨울에 나들이하는
날개 짓이 바쁘다

태초에 알을 깨고 허공에 던져질 때
몸 가벼운 영혼에 날개가 맡겨졌다
극락조 깃털 속에다
매운 눈을 숨겼다

오를수록 하늘은 푸른 물로 깊어진다
강 건너 피안에 이르르는 지름길을
뗏목은 날개 없이도
앞질러서 떠갔다

벽지僻地에서

해벽이 날 에워싸고
숨어살라 이른다
기괴한 몰골에다 적개심 가득한 눈
완강히 거부하여도
몸은 섬에 가깝다

벽에다 손을 댄다
전해오는 몸서리
비명을 한데 모아 가둬 둔 너울은
껍질을 깨지 못하고
수심 깊이 잠긴다

꿈이 내게 있었던가
잠만 더디 왔을 뿐
돌아갈 환한 숲은 벽 넘어 우뚝 솟고
티끌도 한 점 없는 섬
숨이 갇혀 사는 방

내가 만든 가두리다
물러서지 않는다

침몰은 끝이 없고 솟구칠 날 기다렸다
싸늘한 바람끼만 남아
벼랑 끝을 오간다

새벽바다

빈 가슴 새벽녘에 해일이 숨어든다
대륙과 몸 사이에 길을 여는 물결들
바다로 흘러야 산다 저 길 밖에 바다로
남근 굵은 사내들이 너울 위를 떠간다
못 다스린 욕구는 스크류에 감기고
밤낮은 살을 섞으며 해일 아래 묻는다
물결과 가슴 사이 표류하는 섬이 있다
풍운으로 설레이는 해표들의 잠자리
못 떠난 가슴을 열어 북두성을 토한다

시간의 무덤

바람에 날아가는 강물을 잡으라고?
강물은 잎 다 진 갯버들 뿌리를 지나
돌올한 얼음 기둥으로 건널목에 서있다

길 잃은 낯선 물이 바위 위에 앉아 있다
물보다 앞서서 바위를 뚫으라고?
가랑잎 몸부림치며 깊은 물에 떠갔다

겨울강

어둠이 깊어지자 초승달에 날이 섰다
바람이 시늉하며 옆 눈으로 피해간다
갈대는 속 살점 끓이며 얼음강을 건넌다

젖은 몸을 불태우던 노을이 죽어간 뒤
풀잎 끝에 맺혀오는 청상의 무서리 떼
벌판은 안개를 풀어 마른 강을 토한다

섬진강 모래

노고단 높은 이마
울음으로 깎이더니
굽이진 물마루에 발자국 찍어가다
못 떠난 허기진 강 가 달빛 속을 걸었다

강물은 동무 없이 재바르게 흘러가고
풀잎 사이 바람으로 떠다니던 허우대
나룻배 불 밝힌 자리
실한 뼈가 누웠다

영산포

빛이 간다
노을은 비명없이 물러 선다
출항은 허기져서 굽은 길로 피해간다
에둘러 흐르는 강물
눈썹 밑에 마르고

빛이 온다
뱃길에 북두성이 눈을 뜬다
해일이 오기 전에 집어등을 밝힌다
소금은 견고한 잠을
햇빛으로 채운다

아침을 기다리며

온기 떠난 옥탑방에 가시울 둘러놓고
무릎 세워 기다리는 유리창밖 서릿발이
밤이면 하늘을 향해 발돋움을 했었다
숨어 든 무서리는 별 가까이 가지 않고
눈 밖에 젊은 나무 시린 발목 꺾은 채
굽어도 함께 갈 산길 짧어지고 누웠다
달빛이 삭아지면 어스름을 앞세우고
새벽별이 몰래 와서 벌판 끝에 남았지만
강물은 몸부림쳐도 살얼음에 잡혔다

밤길

칼 같이, 칼 같이만 무디지 않도록
안으로 다짐하며 밤길을 걸어왔다
별빛도 그걸 아는 양 참내하며 따랐다

결리는 달그림자 슬그머니 뒤에 놓고
가냘픈 몸매로 떨고 있는 달맞이꽃
감았다 새로 뜬 눈이 달빛보다 추웠다

꺾지 못한 삭정이 목 마른 채 기대서고
실낱같은 불빛에도 몸을 떠는 부나비
깊어진 밤길을 걸어 돌아 갈 수 있을까

지하철 잠

목마른 길로 간다
지하에 내몰린 잠
마주 앉은 낡은 빛이
한데 섞여 흐르고
떠도는 상자 속에서
몸 섞으며 졸립다

어둠에 입맛 들여
지상 아래 세운 아침
간간이 선잠 깨어
눈물 없이 보챈다
눈 비벼 오르는 출구
하품 먼저 터진다

숲길

숲이 불러 짐을 싸고 물소리에 옷을 벗다
어디 가서 만나랴 참나리 눈동자는
사방을 둘러보아도 상처뿐인 나무들

남루를 벗어내도 다시 남는 헌 옷은
누가 입다 구겨놓은 지독한 꿈길인가
쉬었다 가는 길인데도 돌부리에 채인다

못 다한 남은 숲에 젖은 발이 앞서 가고
굽도는 물소리만 멀리까지 뒤따른다
떠나는 인사 없이도 가랑잎에 물든다

산복도로

구부러진 고샅길에 벌거숭이 울음소리
서러운 잰걸음이 한길 가에 나서 본다
슬픔은 보이지 않고 등 떠미는 발길질

좌판 앞에 앉은 아낙 풋과일 떨이한다
커 보이는 빈자리에 모여드는 산 그리매
눈물은 길이 없어서 끝도 모를 안개다

바늘 꽂을 자리

물같이 닿은 터에 집을 짓고 살리라
떨치고 나선 길에 무좀발이 젖는다
정거장 지친 보따리는
갈 곳 없이 졸립고

이쪽도 막다른 길
저 바닥도 끊긴 벼랑
숨 돌릴 데 없는 풀잎
어디까지 흘러갈까
갈 길은 헛배만 불러 숨쉬기가 힘겹다

청상

침상 속에 해와 달이 마주보고 누웠다
달빛을 포개 안은 햇살이 부드럽고
문구멍 뚫지 않아도 구름 속에 숨는 달

자리끼가 부족하여 축담 아래 내려서면
초사흘 별빛은 무서리에 젖어 떨고
첫날밤 지핀 군불에 마른 목이 잠겼다

신부는 달빛 속에 별이 되어 잠든 뒤
파뿌리 캐어 봐도 뚝뚝 지는 낙엽에
하얗게 지새는 밤이 폭죽처럼 터졌다

밤길 떠나며

빛 없이도 새벽 닭은 습관으로 울어대고
붉은 땅 마루턱에 발바닥이 부르튼다
이슬도 젖지 않는 길
벌레소리 그쳤다

쫓겨 가는 별빛이 황소 눈에 담겨있고
횃대에 걸린 달이 까치놀을 토한다
별 내린 고개 마루를
숨이 먼저 넘었다

낙엽

한로에 지는 잎에 푸른 물이 남아 있다
천 번의 손짓에도 옷 소매를 못 떨치고
귀가길 모퉁이에서 눈물 붉게 흘렸다

물 들어 짙어지면 그 감당을 어찌할지
길도 없는 산중에 홀로 젖어 내리다가
몸 위에 몸을 덮으며 애간장을 말렸다

떠나는 것이 어디 못 다 푼 실 뿐인가
아픔을 말로 풀면 도솔천도 넘치리라
돌아 올 그 날을 믿고 수레바퀴 굴렸다

별리

울음이 그리워서
나루터에 나 앉는다
한 줄의 기러기 떼
강물 속을 떠 간 뒤
산마루 태우던 노을은
돌아서지 않는다

사람이 보고 싶어
건널목에 나서본다
기차는 바람같이
산 속으로 빨려들고
강물이 남긴 빈터에
어둠 짙게 쌓인다

세월을 보다

선술집 기둥위에 칼자국이 선명하다
옷깃에 스치면서 예각은 많이 죽고
밑 없는 사랑 놀음만
기억 속에 숨었다

한 사발 또 한 사발 삐걱이는 나무의자
넘치는 술 마다 않다 쭈그러진 주전자
주모는 십년 전부터
일찍 코를 골았다

창밖에 환한 불빛 얼굴이 간지럽고
벽에 걸린 모자에는 곰팡이가 슬어 있다
다 닳은 탁자 모서리에
육자배기 흘렀다

기울어진 가슴팍을 술잔에다 풀었다
빈 잔을 다 채우고 모자라면 내 토하리
강물에 이 빠진 사발
언제 집에 갈거나

한로부근

닫힌 문 한 치 밖은 떠남으로 가득하다
까치놀 붉은 밥상
목젖에 걸려 있고
허기는 다할 수 없는 하늘보다 깊었다

섬약한 가지 끝에 남아 있는 별빛은
가랑잎에 바람소리
바람 끝에 여울소리
손금에 패인 골마다 역마살이 두텁다

불혹자리

습한 자리 숨겨 두고
떠돌다 돌아 온 산
어디에다 몸을 둘까
망설이다 지난 불혹
막아도 험한 길 갈래
비럭질에 감겼다

눈을 들면 하늘이
시퍼렇게 몸을 열고
발 뻗으면 붉은 땅이
버팀목이 되었다
강물이 위안이던 때
곁에 서던 봉우리

다대포 모래알

강구江口에 모인 길손
누구에게 밟혔기에
소리 죽인 울음만 노을 앞에 쏟아 낼까
물결에 씻겨갈 날을
돌아누워 꼽았다

썰물 따라 구르다가
발자국만 깨어지고
밀물 드는 저녁이면 외면하고 누운 몸
떠나도 뾰족한 수 없어
물나울에 젖었다

동행

타고 온 지하철을
몸서리로 돌아본다
등짝을 밀어 대며 함께 온 이웃에게
뒤 없는 모진 패악만
쏟아놓고 내렸다

살붙이고 사는 일이
저물녘에 힘겨웁다
구겨진 몸을 풀어 슬픈 자국 지우지만
지하에 모여든 얼굴
습기 차서 못 쓴다

빈 의자

빈 의자가 커 보인다
그리 가서 앉을까
주인은 어디 가서
돌아올 길 잊었는지
햇살은 흰 뼈가 되어
그늘 아래 모였다

의자가 삭아 내린
그 자리에 길이 났다
앉지 못한 바람 혼자
길 따라 먼저 가고
발자국 패인 흔적에
돌부리가 솟았다

역마살

신발 끈을 조여매고 빈터 없이 흩어졌다
봐 주는 뒤도 없이 길 앞에서 흔들렸다
부서진 사주팔자는
샛길로만 모인다

산지사방 뿌려지다 잎 다 시든 민들레
고개 꺾은 하현달이 밤중에 비켜 간다
겨울에 오지 않는 새여
발돋움도 어렵다

일과표

때로는 울음 섞인 젓투정을 견뎌내고
한솥밥을 나눠 먹던 옆자리가 비워졌다
책상에 붙인 일과표를 힘겨웁게 떼낸다

모로 누워 잠들어도 아려오는 생채기는
만남과 별리 속에 꺾고 앉은 골목길
의자는 지나간 체취를 문신으로 새긴다

모자 아래

흔들리는 물기둥을 세운다
용서하라
출렁이는 멀미가 멀리가는 뿌리다
사막에 닻을 내리고
목쉰 갈증 토한다

이물은
해 저문 빈 하늘로 채워지고
내뱉는 물결마다
꼬리치는 망상어
출항은 폭풍 바다에
표류하는 섬이다

발자국 어깨 걸고
돌아누운 부표들이
졸음 겨운 밤 항로에
소낙비로 내린 뒤
지우며 삼킨 암초가
물기둥을 채운다

사막이 흘러간다
무너지는 신기루
비워도 다시 오는 물결들의 춤사위
구천은 너무 깊어서
발이 닿지 않는다

흔들려라
바닥이 보일 때까지 흔들려
부서지는 빛을 보라
뭍에 닿는 길이다
낙타는 고삐를 끊어
모래 끝에 닿는다

강물 곁에서

물이 좋아 강에 가고 뒷강을 헤엄쳤다
소용돌이 물살에 휩쓸려서 쥐가 났다
겁 없는 아이였을 때 죽을 고비 넘겼다

두 골 물 합수되는 유년의 계곡에서
아이를 등에 업고 물 밑 땅을 걸었다
숨 끊고 잠긴 바닥이 순식간에 지났다

힘들여 건넌 강은 돌아보지 않을란다
강물은 흘러가고 누워있는 미루나무
뗏목은 피안에 앉아 낯선 풍경 엿본다

산정야영

산정의 하룻밤은 별과의 동침이다
긴 꼬리 남긴 뒤에 잠자리로 돌아가는
혜성의 칼금 항로를
돌이킬 수 있을까

하늘은 짜낼수록 검은 물이 쏟아진다
미리내 바라보며 별빛 산을 만들다가
눈 떠도 뵈지 않는 길에
주저앉고 말았다

숲에는 별빛 몰래 산이 먼저 잠이든다
그늘이 깊어져서 돌벼랑도 묻혀간다
검은 산
돌아 나오는 길 홀로
새벽별이 떨었다

겨울하늘

이슬 맺혀 몸 무거운 가랑잎이 떠난다
갈 곳 없이 하늘 밖에 줄지어 선 마도요
외딴집 불 꺼진 뒤에 검은 산만 높았다

새벽은 더디 와서 눈보라가 쌓이고
발 빠지는 허방은 어느 곳에 숨었을까
구천에 날아간 새가 발자국을 지웠다

나비의 봄

봄이 와서 봄빛이 손가락에 잎 피워도
못 내린 실뿌리가 발자국을 만들까
힘들여 닿은 숲에는 거미줄만 감겼다

지나 온 봄 언덕은 졸음이 피어나고
아지랑이 벌판에 키 작은 쑥부쟁이
날아든 유채꽃밭에 봄은 지고 없었다

노란 꽃잎 문 앞에서 나비가 자고 있다
꿈길은 흘러가서 돌아보니 천년이고
서있는 잠간 사이에 화석으로 묻혔다

잠

종 울면 숨소리도 깊이 잠든 예배 시간
시간 남은 아이들이 엎드려 코를 곤다
햇빛은 양철지붕 위 십자가에 모이고
안경너머 졸고 있는 말씀들이 나들이다
누에는 슬금슬금 피뢰침에 가 닿았을까
하늘을 버릴 수 없어 등 두드려 깨운 잠

물안개

거꾸로 키가 크는 갯버들이 뿜어낼까
수면 위에 몸을 푸는 비단같은 여린 살이
적막의 무게에 안겨
승천하지 못한다

눌러 앉은 요정들이 춤 추는 물낯바닥
하늘 깊은 슬픔만큼
들여다 볼 수 있을까
내 안에 짙어져가는 그대 검은 눈동자

새벽길

나 앉은 길 밖에서
길 안을 바라본다
저물어 곤한 밤이 별빛에 넘어지고
이슬도 더 내리는 길
저 혼자서 비운다

가벼운 점 하나로
뒤꿈치가 멀어지면
던져 넣은 신발 두 짝 발바닥이 보인다
가다가 쉬고 싶은 곳엔 늘
빈자리가 놓인다

섬

섬에 왔다
외딴 바다
파도가 살아온다

살이 탄 아이들이
물 끝에서
자맥질이다

건져도
발목 잡힌 섬
이승 끝에 서있다

어부의 휘파람

물 끝에 누운 배가
아우성을 보낸다

누구의 신호인가
깃발이 흔들린다

老어부 휘파람소리는
들을수록 슬프고

갈 수 없는 거리쯤 멀어져간 고동은
뜨거운 물 바닥에 화살처럼 꽂힌 뒤
방파제 무너진 틈새에
난파선이 떠갔다

석탄의 잠

그림자 밝히려고 태백에 올라 섰다
밀려 나온 어둠에 발등마저 덮였다
태고적 주문을 걸어
견고하게 가둔 불

동해 위로 빛이 온다 일어서는 그림자
태백산 이마 위에 붉게 혼이 타오르지만
열정은 몇 천 년을 더
잠들어야 하는지

눈물로 씻어 내린 갱도는 비어있고
막사 뒤에 팽개쳐 둔 삽자루 썩고 있다
가슴에 잠든 잉걸불
속이 타고 있을까

이산의 꿈

앞내가 흘러가서 뒷산 빛이 달라져도
텃새는 뜨지 않고 대숲을 지키느니
누워서 하늘을 바라 돌아 갈 집 꼽는다

이산離散의 먼 통증이 남아 있는 사투리는
흔들어도 새지 않고 밑바닥에 고여서
마음을 비칠 때마다 검버섯을 피운다

접히지 못한 꿈이 베개를 높이 괸다
아침이면 귀향길로 눈이 먼저 떠나지만
못잊는 흑백사진에 진저리를 남긴다

노숙의 잠

안개 속에 놓인 길은 가야 할 끝이 멀다
가다가 지쳐 오면 돌아서도 그만인데
쫓아도 엉겨 붙는 잠
눈꺼풀이 빚이다

늦도록 배회하는 포장마차 언 불빛들
어느 곳에 앉아서 등 심지를 돋우나
구부려 맞는 새벽이
누울 자리 챙긴다

집에 들다

길이 묻힌 길 앞에 선
벌거숭이 벼랑이다
어디로든 가야한다 죄어드는 구두끈
골목길 막다른 끝에
밝은 집이 남는다

둘러 봐도
출구는 어느 곳에 숨었는지
목마른 나무 위에 해가 지고 별이 뜬다
불 켜진 창호 밖에서
누가 문을 흔든다

이제는 가는갑다
주머니를 비워 두고
신던 신발 다 헤져도 집 안을 향해 둔다
흘려 온 발자국마다
눈보라가 덮인다

봄뜰

빛 밝은 낭하를
제비꽃이 걸어온다

숲 그늘 밝히면서
민들레가 피어난다

목매단 등꽃이 없다고
잠간 만에 떠난다

흰소가 운다

내 집에 물이 차니
물 푸러 가야겠다
넘치는 물 푸고 나니
본디 집이 아니다
무너진 제방 사이로
하얀 소가 울었다

영원한 집은 없다
미처 아지 못하고
떠내려 간 신발짝은
어디 가서 찾을까
대문을 열어 놓으니
천지가 내 집인 걸

달맞이꽃

어디 가서 별이 될까
빈 하늘이 남았겠지

발꿈치에 눌러 붙은
끊지 못한 달 그림자

저물녘
꽃이 진 자리를
못 채우는 빈 가슴

봄을 기다리며

가는 겨울
내 몸은 나무를 닮아간다
길모퉁이 과일가게 향기에 이끌려서
숨겨진 나이테마다 물이 새로 오른다

꽃이 오면
터뜨릴 풍선을 불어 쥐고
손짓하다 얼어 죽은 삭정이를 떨어낸다
비탈에 숨 고르면서 잠행하는 나비여

광장에서

힘들여 다시 찾은 햇살이 지나 갔다
헐벗은 가로수에 푸른색이 모였다
비둘기 종종 걸음 앞에
샛길도 여럿이다

서성대던 길 위에다 매운 눈물 쏟아놓고
손짓을 토해내어 새벽으로 내 보낸다
풀꺾인 저녁 하늘에
네온 빛이 봄이다

노을 밖으로

강가에 앉아 보니
낮은 산이 더 무겁고
마음을 잃은 후에
소용돌이 물길이다
밤 되자 망막에 뜨는 별
앉을 자리 찾는다

딴 데 가지 못하고
하늘만 우러르다
신발도 벗어두고
어딜 바삐 가려는가
쫓긴 듯 해 떨어진 자리
도요새가 깃든다

채석강

눈을 열면
그 바닷가
무너지는 책이 있다

숨죽인 내 말들이
익사해간 자리마다

바다는
검은 물로 깊어져
밤낮으로 읽었다

또 다른 바다

사냥하러 맨발로
인터넷에 숨어 갔다

숲도, 물도 내 것 아닌
사막은 살아 있다

짐승들
모래알 눈물만
빼 가지고 나왔다

약수터에서

이른 숲 약수터에 서릿발이 일어섰다
공복에 드는 물이 천리길을 앞서 간다
갈증은 먼 길을 걸어
낙타등에 머문다

새로 산 녹즙기에 산야초가 돌아간다
허기진 그늘마저 가슴팍이 젖어오면
돌아온 푸른 기력이
하산길에 앉았다

일어서라 매향리

차라리 때려다오
매향리가 누워있다
흰 옷 입은 보리밭을 엎드려서 경작할 때
폭격기 찢는 하늘이
파편처럼 흩어졌다

아프구나
사람을 지척에 둔 폭탄 투하
천 개의 입으로도 진상을 다 말 못하고
바다를 빼앗긴 섬이
갯벌 위에 외롭다

가 보리라
눈에 물이 잠기도록 지키리라
산마루 다 닳도록 얻어맞은 슬픔을
그 누가 흙을 덮어주며
위무할 수 있는가

매향리여 일어서라
엎드려만 잊지 말고

붉은 깃발 찢겨질 때 가슴 열고 걸어가서
농섬의 깊게 패인 이마
어루만져 주어라

*매향리는 주민이 생활하는 현장에서 바로 미군에 의한 폭격훈련이 자행되고 있는 곳이다. 지척에 농섬이 있고 그 섬을 목표로 낮게 비행하며 폭격을 할 때는 그 폭음이 귀를 찢고도 남음이 있다. 우뚝 솟았던 농섬이 50여년 간의 폭격연습으로 지구상에서 사라질 판이다. 주민들은 매향리 폭격장을 폐쇄하라고 항의 농성 중이다.(2001)

봄산

진달래 미친 그년
발도 없이 산을 탔다
신열에 취한 얼굴 삭이지도 못하고
절정에 이르러서는
하늘마저 태웠다

구천에 뜬 혼백들이
모닥불을 피웠을까
밤낮으로 수작 거는 샛바람 떨쳐두고
불길은
먼 산 태우는 그년 하혈 아닐까

그리운 지리산

늙은 강가 오지랖에
등구 마천 걸어 두고
떠나 온 산
푸른빛을 눈 속에 담아 와서
새벽에 솟는 봉우리를 종일토록 다녔다

엄천강에 뜨는 달을
마음에 심은 밤은
역류하는 은하수에 천왕봉도 씻기우고
눈 안에 걸어놓은 산
퍼내어도 남았다

그리운 사량도

길 없는 곳
가시덤불 우거지고 서늘하다
풍상에 무너진 길
틈새마다 눈물이고
적조에 물든 바다는
눈치없이 늙었다

빈 둥지에
밤 되어도 오지 않는 새가 있다
닻 내리지 못한 배가
물결에 잠 못 들고
불러도 혼자 가는 섬이
제방 밖에 떠있다

적멸에 들다

손수레를 굴렸다
멈출 수 없는 내리막
막다른 길 그 바다에 저녁놀이 숨어든다
다비장 검붉게 타는 수평선이 빈 채다

해 떠난 북쪽 하늘 눈 뜨는 별이 나고
흐르는 미리내에 돛배처럼 새가 간다
어둠이 깊어질수록
길이 되어 나는 새

간다한들 빈자리가 크지 않다 위안해도
나뭇단 쌓인 것만 텅 빈 숲에 보인다
못 다 끈 눈 매운 연기
떠나갈 줄 모른다

타락한 산천

비가 온다
산수유꽃 옆구리를 간지르며
숲 위를 가는 발이 꽃 램프를 켜든다
피안에 닿지 못해도 속살까지 적신다

들판에는 흰옷 입고 물꼬를 터주는 이
가로막는 누가 있어
서해로 돌아갈까
진달래 타락한 산천은 언제 함께 가보나

참았던 입술이 떨리면서 봄이 왔다
피 흘리던 산고에
산을 넘어 꽃이 핀다
북녘의 산하까지도 한 몸으로 챙긴다

신원을 지나며

수상하다
바람 끝에 묻어오는 비린내가
피 절인 계곡을 다스리지 못하고
벽 이쪽
숨죽인 등을 겨냥한 채 숨었다

붉은 꽃 치장한 골짜기를 들춰 본다
못 보는 눈 걸음에
슬쩍 스쳐 지나갈 뿐
산하는 주름이 깊어져 겨울 빛만 남았다

깊은 강을 못 건너도
아직은 새벽이다
떠도는 봄이 일러 문을 열지 못한다
선잠 든 텃새를 깨워 비상토록 일렀다

*신원리는 경남 거창에 있는 마을로 양민학살이 자행된 곳

지심도

빗장 질러 가둬 둔
내 마음 속 푸른 바다
서랍을 열 때마다 방파제를 넘었고
밤이면 피멍이 들어
벼랑 끝을 올랐다

동백꽃 뚝뚝 지는
선혈 낭자한 섬 기슭
피 비린 누구에게도 문을 열지 못한다
남녘 섬 내리는 눈발
지나가다 들렀다

흐르다 멈춰 선 섬
검지 끝에 서있을 때
이명耳鳴으로 들려오는 팔색조 울음소리
감춰도 쉽게 들키는
내 가슴 속 붉은 섬

길 위에 선 매미

바람을 살리는 비
강둑을 넘어 왔다
사태진 흙더미에 한가위가 매몰되고
불 꺼진 전등만 남아
흔들리다 멈춘다

집이 없다 물이 갔다
사과나무가 뽑혔다
골절된 크레인이 바다 앞에 무릎 꿇고
바람은 끊어진 길 끝에
푸른 꿈을 찢었다

길 위에 배가 섰다
바람이 선장이다
떠다니는 원목은 그늘을 만들었다
매미의 눈에 든 가난이
몸무게를 줄였다

* 매미는 2002년 한반도에 상륙한 태풍 이름

노을 속을 내려가네

광안리 회 센터에 어둠들이 비껴간다
승강기에 동승한 빛
눈 뜬 채 하강하고
저물녘
핏발 선 눈이 바다 위를 걷는다

살아 있는 입들이 서쪽 끝에 서있을 때
노을 속을 내려가니
발밑이 어두웠다
입 속에 눈부신 살점
목 너머로 떠난다

저녁노을 그대 품에
힘 다한 내가 있다
미루나무 늙은 팔이 서쪽으로 굽어 있고
서녘은 가슴을 열어
지는 것을 받는다

겨울새

새가 갔다
겨울 숲에 빈집을 남겨 놓고
나뭇가지 남아있는 온기는 그림자 뿐
싸늘한 빈 하늘가에 성근 눈발 듣는다
잎 다진 신갈나무 남루가 보이는 때
식솔을 데린 새는 어디에서 떨고 있나
옮겨간 울음소리가 깊이 끝에 젖는다
무성한 잎,
잔가지가 감춰주던 두려움을
배고픈 힘 든 겨울 혼자 갈 수 없어서
집 떠난 새가 빛이다
하얀 숲에 잠든다

봄은 그렇다

내 몸은 4월이다 온기 드는 풍금이다
햇살이 걸어가는 빛 뽀얀 건반이다
샛바람 눈짓만 해도 절로 노래 뱉는다
먼지를 털어 낸 뒤 앉아보는 낡은 의자
숨소리 따라가면 하늘 닮은 풍금소리
빈 교실 유리창으로 맑은 빛이 쌓인다
내 몸은 언덕이다 지렁이 슬슬 기는
유년의 안마당에 가슴 풀이 자란다
돌에도 피가 끓는다 언 하늘이 흐른다

겨울 지리산을 지나서

산발한 까마귀가 제석단을 넘어갔다
고사목 어깨 위에 검은 하늘 펄럭이고
몸 둘 데 없는 빨치산 서릿발로 일어섰다
시원의 물 한 방울이 칠선골에 들었다
새끼 친 골짜기가 갈증으로 깊어진다
빛나는 그늘 속으로 소리 내며 숨는 물
빙판 길 서서 가는 마가목이 수상하다
외다리 관목들이 관절염에 누워있고
벽소령 허기진 눈발은 비틀비틀 걸었다

춤추는 눈길에서 길을 묻는 발자국
얼어붙은 엄천강이 피난길을 열었다
상고대 눈사태져도 꽃을 여는 산다화
등굽은 천년송이 볕을 쬐는 비탈에는
구상 나무 한 두 그루 몸 세워 지켜섰고
오르막 험난한 길에도 내리막을 품었다
낙엽아래 여린 싹이 문지방을 넘어온다
눈 쌓인 방, 오히려 겨울 산이 따뜻하고
막아도 돌아오는 빛이 옷 한 벌을 내준다

물든 나뭇잎

코끝이 빨개졌다
나뭇잎이 떨어진다
못 끊는 술 한 잔이 내 몸을 굴려간다
눈물도 붉게 물들어 거리마다 채운다
가로등 빛을 밟고 주점으로 걸어 갈 때
바람 끝에 물 든 잎이 발길 앞에 구른다
굶주린 자선냄비는 어둠 속에 묻히고
거리의 빛들은 다 어디로들 갔을까
발끝에 나뭇잎이 수렁속에 빠져든다
그믐밤 깊은 방에도
비상등이 켜진다

꽃잎 하나가

어디서 왔는지 차창 앞에 꽃잎 하나
기세 찬 빗물에도 떨어지지 않는다
꽃잎은 납작 엎드린 채 파르르르 떨었다

길가에 죽 늘어선 늙고 지친 벚나무들
오르던 언덕에서 생 무게를 덜어낼까
비 오는 어둠 속에다 꽃잎 옷을 벗었다

시속 60킬로미터로 이동하는 시간 중에
마주친 젖은 눈을 떨칠 수가 없었을까
퇴출된 꽃잎 하나가 나를 보고 웃었다

봄날은 갔다

새 잎에 난 상처가
꽃샘 눈을 증언한다
오월이 다 가도록 새살은 돋지 않고
나무는 산문 밖에서
흉터처럼 남았다

접동새 노래에도
피멍이 들어있고
참나리 얼굴에도 검버섯이 피었다
봄비에 지는 꽃잎이
투명하게 아프다

부르지 않았어도
젖어드는 따순 손길
시간은 가슴 밖에 풀꽃 등을 켜들고
순결한 이의 먼 뒷등에
홀로 서는 가랑비

나벽裸壁

비에 젖은 광고판이 붉힌 눈을 부릅뜨고
마음을 맞추자고 속곳으로 채근한다
외면한 시선 끝에도 먼저 와서 눕는다

알몸과 수풀 사이 숨겨진 칼날들이
돌아오지 못하는 벽 넘어 남아 있고
지워도 남는 상처가 눈길 자주 붙든다

뗄 수 없는 혹처럼 업고 가는 난치병
걸려 든 울타리를 벗어나지 못한다
몸 안에 꿈틀거리는 생선뼈가 걸린다

줄어기

줄어 든 어획량에 운반선이 묶여있다
불 꺼진 등대에 출항은 아직 멀고
항구는 물 나간 뒤에 선착장이 빈 채다

물기 떠난 선창에는 발자국이 마른다
오지 않는 고기떼가 신기루로 떠있고
그물은 건져 올려도 기름 값을 못한다

부산 남항 냉장창고 쥐떼가 떠나갔다
생계를 건 어판장에 쌓이는 건 한숨 뿐
녹이 슨 원양어선이 폐선할 날 꼽는다

항구의 일번지

자갈치 막소주집 늙은 탁자 위에는
얼굴에 흉터처럼 칼금이 그어졌다
항로에 오랜 풍랑을 견디어 낸 자국일까

바다에 머물렀던 고샅길이 출렁인다
갈매길까, 귀신고래 같기도 한 흔적은
탁자가 흔들릴 때마다 먼 바다로 떠난다

예리한 칼끝으로 마음을 덜어 낸 뒤
고독한 노 어부는 물끝에 가 닿았을까
저물녘 귀항하는 배가 탁자 위에 묶인다

새만금을 지운다

만경강, 동진강이 펼쳐놓은 갯벌에
지나는 맨발은 디딜 곳이 없구나
농발게 공든 탑들이 썰물 뒤에 남았다

두 발을 넣고 보니 한 발짝도 못 옮긴다
생명이 출렁이는 땅 돌 하나 못 건진다
뒤에 올 몇 만 년에도 짱돌게가 꽃이다

문전옥답 일구고 산 민꽃게도 불안하다
갯벌에 크는 종패 거둘 일이 따로 없다
황금알 낳는 거위를 배를 갈라 눕힌다

누구인가 밀물 썰물 틀어막은 패악질은
생명의 땅, 외면해도 돌아보면 빛이어서
삶터를 빼앗아 간 이름 새만금을 지운다

사리암 가는 길

비구니 밭일하는 운문사 뒤로하고
숲 사이 포장길은 물 따라 깊이 든다
속세는 되돌아가야 할
이승 끝에 섬인가

뒤에 올 풀들은 길 위에 서 있고
오르막에 달맞이꽃 흔들리며 쉬었다
눈길은 산줄기 사이를
건너뛰며 다녔다

산죽 잎에 맺힌 이슬 허기로 받아먹고
좁은 길로 접어들어 솔잎을 씹었다
실직 후 갈 데 없는 몸을
산이 받아 주었다

끌어 온 석간수에 뜬 바가지 무겁고
좌절하지 않으리라 굴러가는 돌맹이
땀방울 숨 겨운 길에
물러 설 곳 없었다

산사에서

벌레들을 깨우는 새벽 도량 범종 소리

숨겨진 날개를 펴 솟구치라 이르지만

못 떨친 미혹의 잠은 껍질조차 무겁다

봄밤

잇몸이 아려 온다
봄이 오나 여겨야지
늦은 밤 불청객이
잠 못 들게 하는데
신경을 죽일 수 없어
얼음을 입에 문다

저 낙화를 어이할까
뒤척이는 깊은 밤
견딜 수 없는 불면에
달빛마저 아프고
신열은 온 몸에 퍼져
방문 열고 누웠다

오래된 담배포

헌 골목에 열려있는 오래된 담배포가
담배를 끊고 보니 그 창구가 너무 작다
몇 십년 호구지책이 안쓰럽게 닫힌다

세 자녀 공부시킨 허공 중의 구름은
속 타는 가슴에도 뭉게뭉게 피어나고
지나는 발소리에도 눈길 자주 보냈다

지을 것이 담배뿐인 농가도 안타깝고
눈동자 마주치던 담배포 작은 창은
온종일 열어두어도 두드리는 손이 없다

황사

무채색이
아침을 지워가며 흘러간다
백내장 흐린 눈에 태산목도 숨죽이고
오래된 거대한 질주를
막을 수는 없느니

일어서는 분노를
다독이지 못하고
변덕스런 성깔은 만 리를 뒤엎는다
온 누리 눈에 들어서
피를 더해 가리라

내연의 불륜관계
수습하기 어려워도
산도, 들도 도회마저 함락시켜 만든 터전
결연히 대치하면서
눈을 뽑아 던지라

푸름도 선명함도
발 앞에서 지우고

살아온 길을 토해 그대 앞에 세우노니
산하에 떠도는 혼령
수습하여 떠나라

눈에 보라
저 거친 사막의 울부짖음
소리 없는 아우성이 경계를 지우느니
숨죽여 지내온 세월
표백시켜 남기라

힘에 겨운 노동으로
흐트러진 매무새는
들판을 질러가는 저물녘 어질머리
거인은 비틀거리며
남은 힘을 쏟는다

빈 캔

누가 버린 분노일까
의자 위의 빈 깡통
어깨가 쪼그라져
다시 쓰긴 어렵고
실직의 쓰린 울분이
고스란히 남았다

바람은 텅 빈 속을
후벼 파며 울고 가고
종일을 기다려도
데려가지 않는 몸은
해 져도 갈 곳이 없어
한기 속에 누웠다

등대

눈이 있어
동굴 밖을 향하여 걸어갔다

마음 끝에 달았더니
길이 되어 열렸다

벼랑 끝
여윈 삭정이도
본능으로 휘었다

노을

아파트 베란다에 이불이 널려 있다
비 온 뒤 햇살 받아 진해진 선홍색은
누구도 건드릴 수 없는
저물녘의 상처다

어둠살이 낄수록 불이 살아 깊게 타고
무겁게 걸어놓은 구름으로 옮겨간다
집 안에 들일 수 없는
피눈물이 번진다

돋보기를 끼고

눈과 나무 사이에
돋보기를 걸었다
눈은 안경을 보고 안경은 나무를 본다
굴절로 덧칠해 가는
나무와의 먼 오해

안경을 통해 보는
나무를 못 믿는다
걷는 눈에 가지 못할 허싱들만 간직한 채
어둠에 미리 닿는다
더 볼 것이 남았는가

눈을 감고 나무를 떠올린다
캄캄하다 캄캄하다
안다는 건 미혹일까 생각나지 않는 것
깨어진 돋보기 알에
꺾인 빛이 모였다

풍경

나무 하나, 숲 다섯
낮은 산에 뻐꾸기
봄 마당에 누운 바다
멀미하는 아지랑이

천 년 전 울던 불여귀
낮달처럼 떠돈다

하늘과 땅, 강과 길
눈물 그렁그렁 고갯길
어우러진 정물화에
버짐처럼 앉은 무덤

굶주려 봄물 든 바람
치맛자락 들춘다

다대포 모래밭에서

집 나온 게 한 마리
해변을 서성인다
노을이 무너지는 모래알을 껴안는다
바다는 게 다리 사이 사이
거품 물고 서있다

볼 게 뭐 있을까
튀어나온 두 개의 눈
속아 온 두려운 발 뒤돌아 볼 안테나다
철새는 은빛 하늘로
물결소리 나른다

되돌아 갈 둥지에는
등불이 꺼져 있고
대문을 열어 놓고 기다리는 청둥오리
등 뒤에 마른 하늘이
밀물 속에 잠긴다

사모곡

어머니, 창문을 여시고 옷을 턴다
노을처럼 쏟아지는 젖빛 고요가
눈에 든다
세상의 모든 창들이 더
환하게 열린다

따뜻한 살빛 하나
하늘에 걸어 두고
평생을 간직해 온
비밀스런 웃음 하나
폐경된 아궁이 속에
검은 재를 숨겼다

벌레처럼
푸른 잎을 갉아대는 치매가
울음도 던져두고 웃음도 내 버린 뒤
강물 속 푸른 노을로
쓸 데 없이 붉힌다

어머니, 창문을 닫으시고 불을 켠다

금은으로 잦아오는 달빛이
눈에 든다
언덕 위 낡은 집들이 더
눈부시게 켜진다

일어서는 허기

시를 쓰네 목마르게
부질 없는 용을 쓰네
백골이 불거지도록 기를 쓰고 투신하네
불구의 말이 가는 길에
밝은 집이 무너지네

불빛이 다하도록
시간은 돌아눕고
깊이 잠 든 이웃은 눈치 채지 못하네
몸 실어 띄운 말들이
새벽 별에 잠기네

허공에 내던지는
뜻 없는 넋두리를
한밤 내 울부짖어도 누가 있어 들어주랴
가계에 주름살 지는
무소유에 빠지네

이-메일

가시 숨긴 편지가 폐부를 찔렀을까
고장 난 컴퓨터에 검버섯이 돋는다
서랍 속 묵은 편지는 피봉까지 버린다

불빛만 깜박이다
돌아가는 냉혈한
반응이 전혀 없어 전원을 뽑는다
내 몸 안 구석진 방에
환한 불이 켜진다

그대 몸에 불을 켜는
편지를 쓰고 싶다
보관함에 넣어 두고
그대를 읽고 싶다
끝까지
수신확인이 안된 채로 남아도

찻잔 속의 모래바람

사랑을 잃고 가네
모래폭풍 속으로
누군가를 추억하는
강물처럼 떠나가네
높이 선 모래 언덕에
피다 만 꽃 한 송이

웅크리고 앉은 눈이
두려움에 길을 잃네
가슴을 열고
토한 바다를 삼키는 일
사랑은 촛불을 켜고
길바닥에 앉았네

봄꽃

—젊은 춤꾼 장수임

목련이 피었다고
진정 봄은 아니다
피지도 못한 꽃을
시기하는 눈꽃바람에
멍 자국 가슴에 남기고
총총 가버린 움이여

꽃인가 새 잎인가
이름도 부르기 전
눈 들어 본 한 순간에
흔적 없이 져 버렸네
가지를 덮치는 어둠에
내 갈 봄을 잃었네

주먹밥

주먹보다 더 작은
주먹밥을 받아들고

까닭 없이 목이 메어
먹을 수가 없었다

하루치 배급량을 어찌
한 입에 다 삼킬까

외등은 나를 보고

골목에 접어들자 어둠살이 익숙하다
야근에 굽은 등이 물에 젖은 휴지다
별빛을 잠 못 들게 하는
붉은 눈이 서있다

기약없는 내일에 등록금도 문제지만
아이들 밥그릇은 먹어도 배고파서
해질녘 누운 그림자를
다시 세워 걸었다

떨어지는 벚꽃에도 눈이 자주 시리고
색깔고운 모란꽃에 피눈물이 글썽인다
헛딛는 발자국마다
가는 집도 멀었다

질경이
—대추리의 봄

수로 끊긴 들녘에 직파한 벼 낟알이
철조망 가로막힌 햇살에도 움이 텄다
장엄한 푸른 들판에 살이 뛰는 내 피다

흙을 빌어 뼈를 얻고 물을 모아 살을 지어
황새울 들녘마다 땀방울로 일어선다
대추리 드센 바람에도 봄 씨앗이 여문다

눈을 떠라, 보습을 녹여 칼을 짓는 자여
밟을수록 일어나 하늘을 우러르니
식솔은 짓이겨져도 끊어지지 않는다

몸은 비록 엎드려도 뽑힐 수 없는 뿌리
총칼을 들이대도 눈썹 하나 까딱없다
어디로 가란 말인가 뼈를 묻을 흙이다

미륵을 기다리며

석가모니 가시고 물소리가 엷어졌다
빌고 또 빌어서 가는 길을 밝히지만
이끼는 말씀을 피해 발등 위에 오른다

수만 갈래 나뉘는 말뜻을 접어 두고
무거운 짐 내려놓고 길 밖에 쉬고 싶다
미륵은 언제쯤 와서 빈 가슴에 좌정할까

놓지 못한 세상을 붙들고 선 벼랑 끝
칼바람 속 나뭇잎에 길을 묻는 독성자
중생은 얇은 손 모아 마음깊이 오른다

*독성자:나반존자

섬이 되다

섬은 혼자 솟구치고 싶었다 물 밑에서
팔색조를 날리고 동백 숲을 가꾸어
입 밖에 못 다한 말을 가슴에서 토했다

물 바닥에 엎드려 폭풍우가 흘렀다
부서지던 햇살은 발바닥이 부르트고
물결은 닿을곳 없이도 곱사춤을 추었다

창 밖에서 울부짓던 허기를 뽑아낸 뒤
바람 잠 든 고요를 바다 위에 풀었다
길 없는 사해 밖에서 밥이 먹고 싶었다

꿈 깨 보기

개미가 내게 와 나를
제 집으로 물고 갔다
필생은 온 힘을 다해
언덕 하나 겨우 넘고
걸어도 끝나지 않는
내 버거운 빈자리

구멍 속에 든 잠은
나비가 업고 갔다
살점을 발라 먹고
팽개쳐진 뼈마디가
돌아와 옷을 입어도
꿈을 깨지 못한다

아침 산다화

묵정밭에
거역으로 일어나는 눈물이다
숨길수록 눈을 뜨는 새파란 가슴이다
어둠에 베인 상처에서 솟구치는
밝은 피다

침몰 뒤에 빛이 드는
시작은 늘 충만하다
한 풀 꺾인 야수로 숨 죽여 걷는 숲길
일출에 심장을 갈라 떨어지는
꽃이여

오, 가시밭 먼길 끝에
눈부신 발자국들
돌아들던 햇발은 뒷모습에 남아 있고
낙화는
멈출 수 없는 심장박동 출구다

봄날은 절름절름 떠났다

시든 줄로 믿었던 성에꽃이 시퍼렇게
유리창에 손톱자국 생체기가 깊어진다
품어 온 살가운 비를 사람틈에 풀었다
마른 땅에 몸 숨긴채 서릿발을 견뎌내고
들녘을 서성이다 돌아 온 날 밤이면
꿈자리 뒤숭숭해도 산수유에 움이 텄다

잡을 수가 없어라 차마 말 못하던 때
매화는 회오리쳐 침몰하고 말았으니
외면한 감기 몸살에 꽃샘눈이 독하다
기대했던 따스함도 느껴보지 못한 채
나도 몰래 보내고 만 개나리도 아쉽고
뙤약볕 그늘 속으로 속절없던 산다화

다시는 돌아오지 못하리라 벼랑 끝에
진달래 붉은 꽃이 천길 아래 떨어지고
삭풍은 식탁에 앉아 아침밥을 챙겼다
잠간 잡은 따순 손을 언제 다시 품어 볼까
맑은 눈 푸른 잎에 쉽게 갈 수 있을까
돌아서 뚝뚝 진 목련은 그림자도 짙었다

몸살 앓던 봄날이 절름절름 떠나간다
향기 피던 빈자리에 남겨놓은 사생아
열음은 가슴팍에서 누가 알까 여물고
그렇구나 떠난 줄만 알았던 가랑비가
꽃이 진 역사 뒤에 불씨를 다독인다
늦봄은 그 생각만으로 데워지고 있느니

눈길

굽어가도
눈길이 되었으면 좋겠다
발자국 받들고 더 멀리 가고 싶은
돌부리 진창을 넘어
신새벽이 걸어온다

쉼 없이 눈은 내려
외길을 두텁게 한다
인적이 끊어지고 소리도 숨을 죽여
길 안에
파란만장한 물굽이가 얼었다

흔들리는 길 밖에다
그림자 던져 두고
폭설에 묻힌 길이 불러서 일어섰다
넘어져 코가 깨져도
가는 길이 미쁘다

누구도 가지 못한
순백의 푸른 순수

피 흘리며 걸어가는 가장 낮은 발자국도
목 마른 가슴을 열어
눈길 하나 꺼낸다

지하철 손잡이

흔들려도
누구도 잡아 주지 않았다

매달린 빈손 안에 휙
검은 벽만 지나가고

그늘에 메마른 얼굴
쇳소리에 감겼다

망초꽃

비탈에 켜 둔 등이
환한 길을 걸었다
버려진 응달에서
신음들이 깨어나고
허공에 내딛은 발이
풀씨처럼 터졌다

천체가 흔들려도
꽃을 열고 나선다
길 밖에 함께하는
이웃들의 겨울 옷
등불은 너울 끝에 앉아
난쟁이와 놀았다

고장난 외등

골목을 오르는데 외등이 깜박인다
어둠과 빛 사이를 넘나들며 지쳐 갈 때
아득한 서랍 속에서
환등기가 켜졌다

유년의 기억일까
구름 속에 연 날리고
눈발은 언 강물에 나룻배를 가뒀다
흑백의 환한 필름에 감겨드는 잠시 뿐

체루탄에 흘린 눈물 거리에 길이 될 때
쫓기던 숨바꼭질은 발품 팔아 넘었다
외등은 내 편이 아니다
어둠 속에 들었다

빛이든 어둠이든 함께 가지 못한다
낯선 창 불빛에도 흔들리던 발자국
참회의 속눈썹 끝에
붉은 달이 걸렸다

떠가는 포장마차

키만 높은 빌딩은 속알머리 비었어도
슬하에 붙박이로 손 따순 젊은 부부
생계를 이끌고 가는 포장마차 띄운다

모서리가 날카롭게 잘려나간 하늘이
사람 떠난 뒷골목에 잿빛으로 낮아질 때
구름은 붉은 빛 창을 내어 빈자리를 만든다

새어나는 불빛이 찬바람을 흔들고
삿대 없는 먼 바다에 떠가는 한 점 유성
동굴 속 어둠을 넘어 별빛따라 흐른다

달리는 야간마차 도란도란 길이 났다
봄빛도 먼저 와서 가스불에 춤을 추고
등대는 별빛 항로를 가슴마다 새긴다

눈물을 보내다

눈처럼 고운 미소, 엄마 앞에 울었다
푸른 숨도 쉬지 않고 손가락도 거두었다
못 다 한 수발만큼이나 북받치는 가슴께

어디에 서 있어도 바닥이 흔들렸다
차창 밖을 흘러가는 멈춰 선 나무들
감은 눈 어둠 밖으로 새어나는 속눈물

차마 못내 안쓰러워 하늘을 우러렀다
구름도 더디 가고 높이 나는 철새들
눈물을 멈추지 못해 두 볼에다 쏟았다

오름을 위하여

걸머진 빈 허벅을
채울 일이 곤궁할 때
일출을 등에 지고
사내들이 넘어 와서
비바리 슬픈 몸 위로
한꺼번에 쏟았다

물질하다 몸이 풀려
한시름 놓는 사이
떠 오른 아침 해가
자궁 속에 들었을까
봉긋한 가슴을 열고
눈물 길을 퍼냈다

■시작후기

이웃 속으로

봄이다. 기다렸던 봄이다. 봄을 기다리는 맛에 겨울을 지낼 수가 있었다. 그러나 간절하게 기다린 것은 아니었다. 움추린 몸으로 지낸 지난 겨울은 유난히 추웠다. 그러기에 오는 봄이 더 아름답다. 머리에 화관을 쓰고 화사한 치장을 한 봄이 귀엽다. 기다린 시간들이 아름다워지고 생강나무 노란 꽃등 아래로 발뒤꿈치 들고 몰래 문지방을 넘어 서는 봄이 사랑스럽다. 봄은 잘 토라지는 아가씨 마냥 그 성질이 자주 변한다. 따뜻하다가도 갑자기 쌀쌀맞기 그지없다. 바람소리를 내며 치맛자락을 돌려 세우며 휘익 골목길로 사라져 버린다. 그 뒤에는 우수수 벚꽃잎이 떨어지거나 산수유꽃들이 가을 낙엽처럼 산산히 흩어져 간다. 그러한 봄이 무섭다. 영원히 가버릴까봐 그런 것이다.

우리에게는 봄을 기다린 긴긴 세월이 있었다. 그때 봄은 쉽게 오지 않았었다. 봄은 와도 봄이 아니었다. 언제나 꽃샘추위를 품고 재 반격의 기회를 노리고 있던 봄은 언제나 볼모로 잡혀 있었다. 봄을 봄이라고 말할 수도 없는 그런 봄을 알고 있었다. 암울한 군사독재가 유신을 단행하여 국민의 자유를 제한하고 표현의 자유마저 억압하던 시기를 시인은 겨울 공화국이라 불렀다. 그 겨울을 보내기 위해 많은 젊은이들이 분신을 하고 의문사라는 이름으로 이 땅에서 사라졌다. 그때 시인들 중에서 몇몇은 인간이 가져야 할 기본적인 자유와 작가가 생명으로 삼는 표현의 자유를 위해 온 몸으로 저항했다. 그렇게 하여 겨울 공화국은 물러나고 이 땅에도 문민이라 이름하는 봄이 왔다. 그러나 진정한 봄은 아니었다. 우리 자신이 봄을 봄으로 인식하지 못하고 움추려 있었다. 그것은 오랜 압제 하에 물들었던 몸과 마음이 스스로의 균형 잡기에서 쉽게 벗어날 수 없었기 때문이었다.

그래서 시인은 그것을 빚이라 여기고 늘 마음에 부담으로 작용하기에 이르렀다. 그 부담은 작품에 작용했고 80년대나 90년대에 들어서서도 작품 속에서 쉽사리 어둠과 차가움은 사라지지 않았다. 그래서 봄이 따뜻할수록 겨울은 더욱 몸에 무거운 부담으로 남아있었다. 그것으로부터 자유로울 수 있는 사람은 없다. 그러나 작품으로 쓰는 데는 용기가 필요했다. 그리고 시인으로서의 사명감이 요구되었다. 봄을 이야기하는 것은 겨울을 말하려는 것임을 안다. 봄을 기다리는 사람은 겨울을 빨리 떠나보내고자 하는 사람들이다. 내게도 이런 빚은 쉽게 청산되지 않는다. 우리 세대가 안고 가야 할 부담이다. 시인은 부담을 떨어내기 위해 끝없이 발언한다. 그리고 그 부담을 작품에 담아낸다.

무기력해지고 정신이 피폐해지면 나는 자갈치에 간다. 자갈치는 동대문 시장이 되어도 남대문 시장이 되어도 좋다. 아니 강경의 젓갈 시장이어도 상관없다. 그곳에는 사람이 있다. 그리고 그 사람들의 치열한 삶이 있다. 내가 살아가는 이유가 있고 이웃을 사랑해야 할 이유가 있다. 생명이 출렁이는 자갈치에는 부산이 있다. 거기에 내가 서 있다는 사실에 가슴 벅차다.

내가 처음 등단했을 때 글을 더 열심히 써보고자 산골로 숨어 들어갔다. 산골에서 내가 볼 수 있었던 것은 변함없는 농부들의 삶과 추하지 않은 낮은 산들, 그리고 계곡과 계곡을 타고 내리는 맑은 시냇물, 까치와 까마귀 그리고 대숲, 뚜렷하게 번갈아 찾아오는 사계절 속에서 스스로 피는 들꽃들이었다. 젊은 나이에 이런 자연물들은 감동있게 오지는 않았다. 자연 속에서는 독서도 이뤄지지 않았다. 자연이 속삭여주는 것만으로도 충분한 생각의 틀에는 즐거움이 생성되었다. 글을 쓰지 않아도 하등 불편함이 없을 지경이었다. 글을 쓰기 위해 찾아 들어간 산천은 글을 쓰지 않아도 되는 환경이 되고 말았다. 결국 일년 만에 산골 생활을 작파하고 다시 저자 거리가 붐비는 도시로 돌아 왔다. 사람들과 함께하는 삶이 가장 보람차다는 것을 안 것은 그때였다. 아직 나에게는 자연으로 돌아가서 여유있는 삶을 살아야 할 이유가 서 있지 않았다. 치열한 삶의 과정도 치루지 않고 바로 자연 속의 삶은 상상력을 고갈시키는 일이 되었다. 그래서 나는 생각이 고갈 되거나 사는 일이 무의미하다고 생각될 때 사람들이 붐비는 자갈치에 나갔다. 무엇을 구입한다든가하는 목적 없이 그냥 사람들과 부딪히면서 축축하게 젖은 거리를 배회하는 것이다. 배회하다보면 깜빡 나를 잊어버리는 경우가 있다. 워낙 분주하게 움직이는 그 공간 속에서 나는 우주유영을 하듯 둥둥 떠다니는 것이다. 나는 이런 분위기에서 돌아오면 살맛을 본 것처럼 약간의 흥분을 감추지 못한다.

그랬다. 작품 이전에 내가 있었다. 그때 나는 생활인이다. 시인은 성자가 아니다. 가족이 있고 이웃이 있고 함께 살아가는 시간과 공간이 있다. 그 시공 속에서는 무수한 인간의 일들이 펼쳐진다. 그 속에서 시인은 무엇을 쓸 것인가. 문학인

이전에 생활인으로써 나는 삶을 인식해야 한다. 그러지 않고서는 문학은 허구일 뿐이다. 나는 나의 시가 조화나 가화가 되어 쓰레기통 속에서 얼굴 내밀고 거짓의 꽃일 뿐이라는 저주의 환한 미소를 간직하고 있는 것을 외면한다. 단지 나의 시가 누군가에게 그 어떤 의미가 될 수 있기를 꿈꾼다. 이웃의 아픔을 외면하고 돌아서서 난초나 기르는 일에 몰두하는 연약한 문사는 되지 않으련다. 매향리의 아픔을 쓰고, 김선일의 죽음을 쓰고, 계약직 노동자들의 핍박을 쓰고, 외국인 노동자들의 쫓기는 삶을 그리고, 전쟁의 이라크를 쓸 수 있는 현재의 삶을 치열하게 살고 싶을 뿐이다. 그것만이 내가 이 땅에 살아남을 이유가 될 것이다.

이제 우리 시조도 책상머리에서 문 밖으로 많이 나섰다. 그리고 소재의 제한으로부터도 자유로워졌다. 진정한 현대화가 이루어진 것일까? 그동안 우리는 시조에 많이도 험담을 해오면서 반성과 함께 다짐을 함께 해오지 않았던가. 신변잡기로부터 벗어나기, 음풍농월로부터 탈출하기, 그리하여 현실문제에 적극 투사하는 시조인들도 많아지기 시작했다. 꼭 현실 비판을 담는 문제만을 이야기 하는 것은 아니다. 현실을 충실하게 반영하는 살아 숨쉬는 작품을 만나보고자 했던 것이다. 물론 현실을 승화시키는 데는 많은 어려

움이 뒤따를 뿐 아니라 용기도 필요로 한다. 그러나 어렵다고 하여 그것을 버려두고 음풍놀월이나 신변잡기만을 노래하는 3류 시조인으로 전락하고 말 것인가? 시조인들도 시적 삶을 치열하게 살 필요가 있다. 치열한 현실인식과 더불어 나는 그들과 함께 하기를 기꺼이 허락한다.

시조는 우리 민족의 정신을 담아내 왔고 지금도 담아가는 문학형식이다. 그러기에 그 양식에는 민족의 체취와 맥박이 살아 있다. 운율은 맥박이며 담고 있는 세계는 바로 마늘이나 김치, 된장의 냄새다. 시조에 있어서 자수율만큼은 지키고자 한다. 그러지 않고는 시조라 이름 붙이기 곤란하지 않은가 하는 생각이다. 현재적 의미를 표출해 내기에 자수율은 많은 장애와 함께 부담을 가지고 있다. 그것을 극복해 내어 아름다운 영혼을 담아내는 시적표현에 접근할 수 있다면 그것을 창조라 이름 붙이고 싶다. 그 내용이야 현실을 바탕으로 하는 현대인의 고뇌나 부조리한 삶의 방식들을 민족의 정서로 담아내는 일일 것이다.

뒤에 오는 젊은 시조인들이 팝콘이나 피자, 도는 햄버거와 같은 생각을 담아 낼 수 있는 경지에까지 다다르기를 희망한다. 그것이 바로 우리 시가의 확장이며 발달이기 때문이다. 우리 세대는 우리 세대의 역할이 있고 다음 세대는 다음 세대가 가꾸고 키워 나가야할 소임이 있기 때문이다. 그러나 시조의 형식은 시조이기 위해서라도 파괴해서는 안된다는 생각을 전하고 싶다.

이렇듯 나는 아직도 할 말이 많다. 할 말이 많게 하는 요인은 순전히 내 탓만이 아니다. 세상일이 산문화 되어 가고 더 많은 변명을 요구한다. 그러기에 나는 단시조보다는 연시조 쪽이나 사설시조 쪽에 관심이 많다. 일도 쾌단하는 단시조의 칼 맛도 예사로운 것은 아니나 만족스럽지 못하는 세상의 일들이 나에게 많은 말을 요구한다. 아직은 시 보다 세상을 더 많이 사랑한다. 그러나 언젠가는 세상을 더 많이 알게 되고 시조를 더 깊이 느끼게 되었을 때 단 한 줄에 담아내는 세상이 있음을 보여주고 싶기도 하다. 그러나 지금은 이웃과 함께 살아가는 나의 모습과 생각을 보여 주고 싶다.

끝으로 한 가지 분명히 해 두고 싶은 것은 굳이 이 글을 시론이라 이름 붙일 것은 없다는 것이다. 내게는 그냥 시를 쓰는 것일 뿐 무슨 작정을 하고 쓰지는 않는다. 지금껏 시를 써 오면서 마음에 두는 그런 의미들이 한두 줄 쌓여 있을 뿐이다. 그것을 거창하게 시론이라고 이름 붙일 수는 없다. 시론보다 더 중요한 것은 현재적 삶일 뿐이다. 거리에 가로수라든가, 바닷가를 날고 있는 갈매기라든가, 자갈치 시장 어물전 여인의 앞

치마라든가, 부산역 앞 나무 의자에 몸을 누이고 구걸하는 노숙자들이라든가 그런 것들이 시론보다 훨씬 더 나의 시를 살아있게 만드는 진정성인 것이다.

어떤 물체든 사람이든 나름대로의 기(氣)를 발산한다. 그들이 발산하는 기가 내 안테나에 걸려 소리를 외친다. 다른 이들은 들을 수가 없다. 그 소리는 파장을 이루며 뇌리에 있는 독선적인 나를 만나 형체를 갖춘다. 누구는 그것을 영혼의 소리라고 부르기도 한다. 어떻게 부르든 상관없다. 소리가 아니고 빛이라 해도 상관없다. 사물들이 내뿜는 기가 나의 기와 만나 새로운 형태를 가지면서 독자적으로 기를 갖게 된다. 나는 그 기를 완성시키지 못한다. 기는 기 스스로 몸을 민들고 힘을 길러 스스로를 움직여 날아가거나 뛰어 가거나 아니면 못나서 기어가거나 팍 코피를 흘리고 쓰러져 한 발자국도 움직이지 못하거나 한다. 병신인 기를 낳아 놓고 씻어대고 있는 미친놈처럼 나는 밤을 낮 삼아 이리 저리 방황의 인생을 끝내지 못하고 있다.

을유년 올해는 모든 사람들이 건강하고 행복했으면 한다. 그리고 이 지구상에 전쟁이 사라지고 자연 재해가 없어 인간의 근심과 걱정이 모두 사라졌으면 좋겠다. 그 유토피아를 꿈꾸는 것이 나의 시다.